뉴턴이 우주로 보낸 질문

Copyright ⓒ Les petits Platons, 2018
Design: Yohanna Nguyen and Avril du Payrat for Newton et la confrérie des astronomes
Newton et la confrérie des astronomes by Marion Kadi, Abram Kaplan and illustrated by Tatiana Boyko
Korean translation copyright ⓒ 2022 Dabom Publishing
This edition published by arrangement with Editions Les petits Platons through LENA Agency, Seoul.
All rights reserved.

이 책의 한국어판 저작권은 레나 에이전시를 통한 저작권자와 독점계약으로 다봄출판사가 소유합니다.
신저작권법에 의하여 한국 내에서 보호를 받는 저작물이므로 무단전재 및 복제를 금합니다.

뉴턴이 우주로 보낸 질문

마리옹 카디 · 아브람 카플랑 글 · 타티아나 보이코 그림

김현희 옮김 * 송은영 감수

다봄.

"세상 사람들의 눈에 내가 어떻게 보일지 모르겠다.
다만 내가 생각하는 나는 그저 바닷가에서 노는
어린아이에 지나지 않았던 것 같다.
아직 누구도 발을 들여놓지 못한
진리의 바다가 내 앞에 끝없이 펼쳐져 있는데,
고작 매끈한 조약돌이나 예쁜 조가비를
남보다 빨리 발견한 것에 기뻐하는 어린아이 말이다."
- 아이작 뉴턴

"아니, 이럴 수가!"

1682년 7월의 어느 화창한 아침, 수학자이자 과학자인 아이작 뉴턴은 너무 놀라 펄쩍 뛰었다. 이웃집 고양이가 하룻밤 사이에 일곱 마리로 늘어나 있었기 때문이다. 게다가 일곱 마리가 색깔도 모두 다르게 빨간색 고양이부터 주황색, 노란색, 초록색, 파란색, 남색, 보라색 고양이까지 있었다. 뉴턴은 '한 사람이 고양이 일곱 마리를 돌보려면 너무 벅차지 않을까?' 생각했다.

그런데 뉴턴이 안경을 벗고 다시 보니, 이웃집 고양이는 한 마리밖에 보이지 않았다. 여섯 마리는 온데간데없었다. 아침 이슬을 맞아 털이 축축하게 젖은 녀석은 아직 잠이 덜 깬 듯 늘어지게 하품을 했다.

뉴턴은 안경을 다시 쓰고는 케임브리지 시내로 산책을 나갔다. 뉴턴의 새 안경은 사실 그가 세계 최초로 귀에 거는 안경테에 유리로 된 오각 프리즘을 끼워 만든 것이었다. 빛은 프리즘을 통과하는 순간 방향이 꺾이면서 여러 개의 빛깔로 나뉘는 성질이 있다.

  뉴턴이 프리즘 안경을 쓴 모습은 길을 가던 마을 사람들이 걸음을 멈추고 쳐다볼 정도로 무척 우스꽝스러웠다. 뉴턴은 사람들과의 거리를 전혀 짐작할 수가 없어서 사람들과 몇 번이나 부딪쳤다. 그런데 그때마다 죄송하다는 말 대신 상대를 위아래로 훑어보며 "와, 이럴 수가!"라고 감탄만 하고서 휑하니 그 자리를 떠나 버렸다. 뉴턴은 이따금 손을 뻗어 다른 사람의 코나 귀걸이, 모자 따위를 함부로 쓰다듬었다. 강아지의 귀를 냅다 잡아당기기도 했다. 마을 사람들은 이 같은 뉴턴의 행동에 눈살을 찌푸렸다. 하지만 젊은 과학자는 그러거나 말거나 사람들의 머리카락에 나타난 아름다운 무지개를 보며 감탄하느라 정신이 없었다.

이윽고 언덕 위에 다다른 뉴턴은 안경을 벗고 망원경으로 마을 풍경을 살피기 시작했다. 오밀조밀 붙어 있는 집들이 렌즈에 떠올랐다.
 "오, 스틸링플릿 부인이 시커먼 차 같은 걸 마시고 있어! 저런 색 차는 처음 보는데 어떤 맛일까?"
 뉴턴은 몸을 약간 옆으로 틀어서 또 다른 집을 관찰했다.
 "칠링워스 씨는 아침으로 고작 귀리죽 한 그릇을 먹는군. 역시 이름난 구두쇠다워!"
 뉴턴은 도서관 쪽으로 망원경을 돌렸다가 화들짝 놀랐다. 자신처럼 망원경을 들여다보고 있는 누군가와 눈이 딱 마주쳤기 때문이다.
 "앗, 누가 나를 지켜보고 있었어……!"

뉴턴은 너무 놀란 나머지 들고 있던 망원경을 떨어뜨렸다. 망원경은 언덕 아래로 데굴데굴 굴러 내려가 높다란 덤불 뒤로 사라져 버렸다. 뉴턴은 망원경을 찾으러 헐레벌떡 달려가다 커다란 구덩이가 나타나서 멈춰 설 수밖에 없었다.

"아, 정말 큰일이군!"

뉴턴은 이마를 짚으며 안타까워했다.

구덩이에 빠진 망원경은 뉴턴이 손수 만들어서 특별히 더 아끼는 중요한 물건이었다.

뉴턴은 잠시 고민에 빠졌다. 그러다가 마침내 코를 틀어쥐고 눈을 질끈 감고는 구덩이 안으로 용감하게 뛰어들었다.

뉴턴은 끝없이 아래로 아래로 떨어졌다. 시간이 지날수록 추락 속도는 점점 빨라졌다. 외투 자락이 뒤집혀 뉴턴의 머리 위에서 날개처럼 펄럭였다. 그러다가 어느 순간부터는 아무것도 보이지 않았다.

점점 열기가 느껴지는가 싶더니 캄캄한 어둠 속에서 불그레한 빛이 보였다.

'이런! 내가 지옥에 떨어졌나 보군!'

온몸에서 땀이 줄줄 흐르기 시작했다. 너무 더워서 어떤 생각이 떠올랐다가도 금세 녹아 없어졌다.

급기야 뉴턴은 정신을 잃고 말았다.

다시 정신을 차렸을 때, 뉴턴은 여전히 계속 아래로 떨어지고 있었다. 하지만 추락하는 속도는 조금 느려진 느낌이었다.

'이건 또 뭐지? 점점 천천히 떨어지고 있어!'

그때 어딘가에서 상쾌한 바람이 휙 불어왔다. 저 멀리 아래쪽에 아주 작은 푸른 점 하나가 보였다.

'앗, 혹시 저건 파란 하늘……? 내가 지구의 반대편까지 온 건가?'

뉴턴은 자신이 지구를 꿰뚫는 터널을 파기라도 한 듯 괜스레 마음이 뿌듯했다.

시간이 지날수록 푸른 점은 점점 커졌다. 뉴턴은 푸른 점 한가운데서 자신을 지켜보고 있는 자그마한 형체를 보고 손을 흔들며 외쳤다.

"안녕하세요! 여기예요, 여기!"

하지만 돌아오는 답은 없었다.

"이상하군. 영국 왕립학회 잡지에서 본 펭귄 같은데……."

기나긴 터널의 끝에 다다랐을 즈음, 뉴턴이 깜짝 놀라 소리쳤다.

"아니, 이럴 수가! 펭귄이 내 망원경을 갖고 있잖아? 펭귄 씨, 그거 내 망원경입니다!"

뉴턴은 점점 더 느린 속도로 떨어지다가 마침내 멈추었다. 그런데 곧장, 터널 속에서 누가 끌어당기는 듯 몸이 다시 위로 붕 떠올랐다.

"으악! 펭귄, 도와줘! 내 손 좀 잡아 달라고!"

뉴턴이 다급하게 소리쳤다.

하지만 펭귄은 꿈쩍도 하지 않았다. 뉴턴은 점점 더 빠르게 어두운 터널 속으로 빨려 들어갔다.

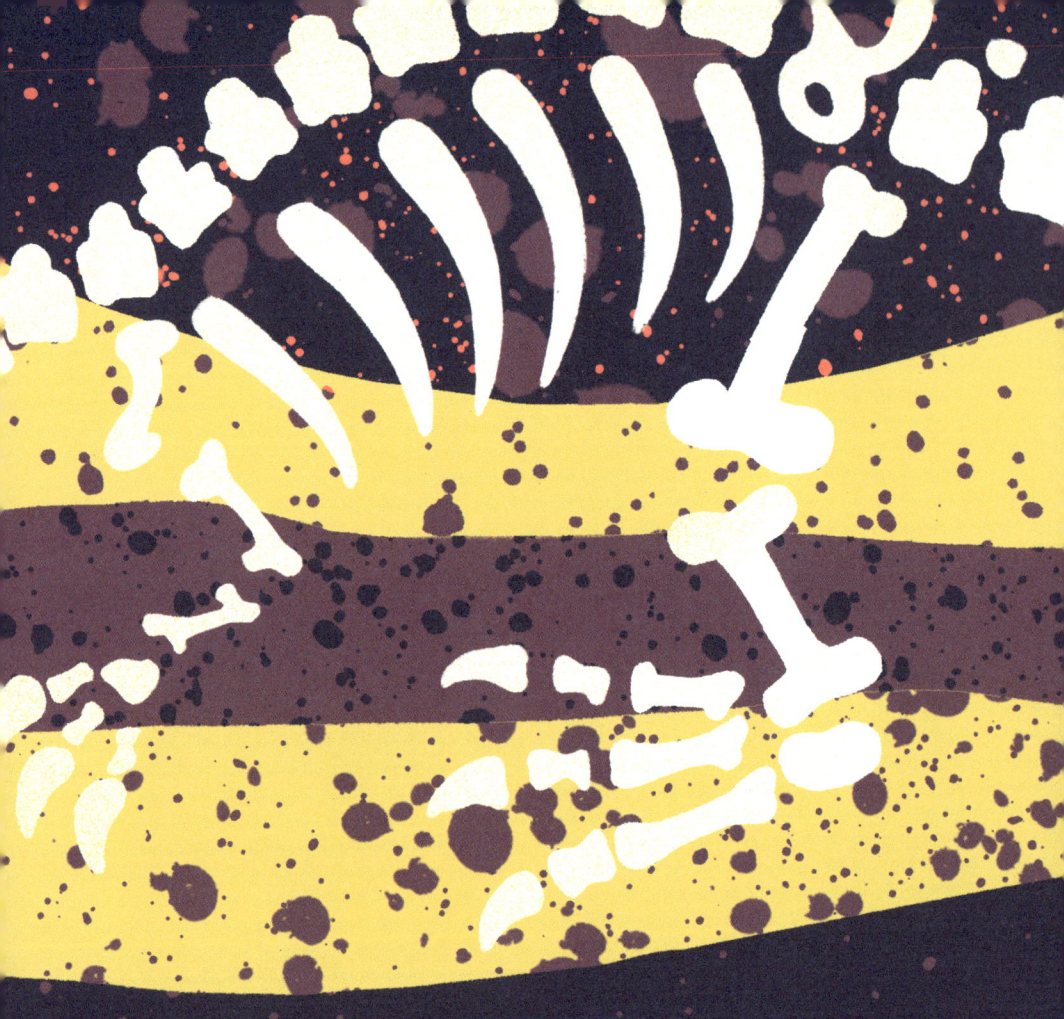

'아, 이것이 내 운명인가? 불지옥으로 다시 가고 있다니…….'
뉴턴은 콧등에 송골송골 맺힌 땀방울을 훔쳐 냈다.
'내 망원경은 지구 반대쪽에 떨어졌는데, 난 왜 안 떨어졌지? 잠시 정신을 잃은 사이 무슨 일이 일어났을까?'
그 순간 터널 벽에 묻힌 수많은 화석이 눈에 들어오기 시작했다.
'와, 불가사리도 있네! 이건 지구가 한때 물로 완전히 덮여 있었다는 증거야!'

 그때 뉴턴의 머리 위로 물방울이 하나둘 떨어지기 시작했다.
 '빗방울인가? 그렇다면 영국에 거의 다 왔다는 증거인데.'
 올라가는 속도가 다시 조금씩 느려지고 있다는 느낌이 들자 뉴턴은 걱정에 휩싸였다.
 '이 어두운 터널 안에 갇힌 채 시계추처럼 북극에서 남극까지 계속 왔다 갔다 하다가 이글이글 불타는 지구 중심에서 영원히 멈추면 어쩌지? 난 다시는 맛있는 케이크를 먹을 수 없을 테고 세상은 위대한 천재를 잃게 될 거야!'

뉴턴은 터널 벽에서 튀어나온 나무뿌리를 움켜쥐고 발을 디딜 만한 곳을 찾아낸 다음, 온 힘을 다해 벽을 기어 올라갔다.

마침내 온몸에 흙먼지를 뒤집어쓴 뉴턴이 터널 밖으로 나왔다. 이미 해는 뉘엿뉘엿 저물어 가고 있었다.

"드디어 돌아왔구나!"

뉴턴은 자신이 빠져나온 구덩이를 돌아보며 소리쳤다. 그러고는 곧장 마을 쪽으로 내달렸다.

이윽고 집 앞에 다다른 뉴턴은 외투에 묻은 흙먼지를 살펴보았다.

"음, 현미경으로 좀 더 자세히 관찰해야겠다."

뉴턴이 현관문을 여는 순간이었다. 야트막한 담장 너머에서 버찌 총알이 소나기가 쏟아지듯 피웅 피웅 날아왔다. 몇 개의 버찌가 뉴턴의 외투에 맞고 터지면서 외투가 금세 빨갛게 물들었다.

그해 여름, 케임브리지의 개구쟁이들은 새총을 많이 가지고 놀았다. 총알은 나무에서 딴 잘 익은 버찌나 자두였다. 길을 가다가 아이들이 쏜 새총에 맞은 어른들은 옷에 불그죽죽하게 물들어 버린 얼룩 때문에 골치를 앓아야 했다. 집을 나설 때마다 비옷을 챙겨 입는 사람이 있을 정도였다.

"야호, 맞혔다!"

담장 너머에서 개구쟁이들이 소곤대는 소리가 들려왔다. 뉴턴은 소리가 나는 담장 쪽으로 몸을 돌리다가 멈칫했다. 그러더니 갑자기 환하게 웃으며 담장 반대 방향으로 부리나케 뛰어갔다.

호되게 꾸지람을 들을 것을 예상했던 아이들은 멍한 표정으로 서로를 마주 볼 뿐이었다.

뉴턴이 달려간 곳은 친구인 천문학자 에드먼드 핼리의 집이었다. 뉴턴은 날아오는 버찌를 본 순간 떠오른 생각을 1초라도 빨리 핼리에게 말하고 싶어 달려간 거였다.

'그 친구라면 이 시간에 별을 관찰하고 있을 거야!'

핼리도 뉴턴 못지않게 하늘의 별을 사랑하는 사람이었다. 그는 매일 밤 천체 망원경을 들여다보며 새로운 혜성을 찾는 일에 매달렸다. 한쪽 눈은 망원경에서 단 한순간도 떼지 않았고, 나머지 한쪽 눈으로는 수학이나 천문학 논문을 읽었다. 가끔 한쪽 눈만 감고 잠을 잘 때도 있었다.

핼리의 집은 조금 특이했다. 교회 종탑보다 더 높은 탑이 집 안 한가운데 우뚝 서 있었다. 예상했던 대로 핼리는 1층 어디에도 없었다. 뉴턴은 어두컴컴한 나선형 계단을 헐레벌떡 뛰어오르기 시작했다. 탑에는 창문이 하나도 없었다. 고소 공포증이 있는 핼리가 바깥이 보이지 않게 설계했기 때문이었다.

핼리는 버찌 물로 새빨갛게 얼룩진 외투 차림에 흙먼지까지 잔뜩 뒤집어쓰고 느닷없이 나타난 뉴턴을 보고 비명을 질렀다.

"도대체 이게 무슨 일인가? 누구한테 두드려 맞기라도 했나?"

"맞아! 중력의 힘에 흠씬 두드려 맞았지!"

"어디에 떨어졌다는 건가?"

"그래. 아주 어마어마한 곳으로 떨어졌지. 지구 반대편까지 추락했으니까! 핼리, 내 얘기 좀 들어보게나. 오늘 내가 망원경을 잃어버렸는데……."

핼리는 뉴턴의 이야기를 들을수록 머리가 핑핑 도는 것 같았다. 급기야 낯빛이 창백해지더니, 의자 팔걸이를 꽉 움켜쥔 채 열을 식히려는 듯 일기도를 집어 부채질을 해 댔다.

그러거나 말거나 뉴턴은 계속 말했다.

"망원경을 되찾으려면 나도 지구 반대편으로 가야만 해. 그러려면 엄청난 속도로 나를 그 구덩이 안에 던져 넣어 줄 무언가가 필요하다네. 그래서 말인데…… 핼리, 나와 같이 거대한 새총을 만들어 보지 않겠나?"

몇 달 전, 두 친구는 힘을 합쳐 이른바 '우주 시계'를 제작했다. 시각은 물론 별자리의 위치까지 정확하게 알려 줘 매우 유용했다. 다만 안타깝게도 무게가 300킬로그램이나 되어서 시계를 옮기려면 더 큰 기계를 만들어야 했다.

그런데 이번에 만들어 낸 공학 작품은 '우주 시계'보다도, 이전의 그 어떤 것보다 훨씬 더 거대했다. 뉴턴이 구덩이에서 빠져나온 바로 그날 저녁부터, 두 친구는 땅속을 겨냥할 거대한 새총의 밑그림을 그리고 꼼꼼한 제작에 들어갔다. 마침내 거대한 새총이 완성되자 그들은

곧장 뉴턴의 소중한 망원경이 사라졌던 언덕 아래로 향했다.

뉴턴은 잠시 숨을 돌린 다음 새총에 연결된 바구니에 올라탔다.

"자, 나는 준비됐네!"

핼리는 뉴턴에게 흥분을 가라앉힐 시간을 주기 위해 다시 한번 새총 이곳저곳을 살폈다. 그러고는 카운트다운을 시작했다.

"셋, 둘, 하나…… 잘 다녀오게, 아이작!"

뉴턴은 친구의 마지막 인사를 듣지 못했다. 눈 깜짝할 새에 공중을 휘익 날아 땅속으로 들어가 버렸기 때문이다. 한동안 요란한 소리가 귓가에서 쩌렁쩌렁 울리는가 싶더니 어느새 터널 끝으로 남극의 파란 하늘이 보였다. 예전의 그 펭귄이 같은 자리에서 자신을 향해 무서운 속도로 날아오는 과학자를 변함없이 지켜보고 있었다.

뉴턴은 펭귄이 들고 있던 망원경을 잽싸게 낚아채며 소리쳤다.

"이건 내 거야!"

뒤이어 뉴턴은 쏜 화살처럼 빠르게 공기를 가르며 날아갔다. 펭귄은 뒤로 벌렁 나자빠진 채 하늘 높이 사라져 가는 뉴턴을 멍하니 바라보았다.

뉴턴은 발아래로 점점 멀어져 가는 지구를 내려다보며 중얼거렸다.

"어라? 지난번처럼 다시 터널 안으로 끌려 들어갈 줄 알았는데……."

뉴턴은 고개를 들어 하늘에 총총 떠 있는 별들을 한참 살펴보았다.

"지금껏 못 봤던 새로운 별자리도 있잖아? 저건 꼭 개구리처럼 생겼군! 나중에 핼리에게 꼭 말해 줘야지."

뉴턴은 다시 아래쪽으로 눈길을 돌렸다. 순간 그의 입에서 비명이 터져 나왔다.

"으악! 지구가 보이지 않잖아! 나를 두고 가 버린 건가?"

다행히 얼마 지나지 않아 뉴턴은 자신의 뒤쪽으로 옮겨 가 있는 지구를 발견했다.

"이상하네. 진짜 이상해. 조금 전엔 지구가 저 아래 있었는데 지금은 뒤쪽에 와 있어. 도대체 어떻게 된 거지?"

뉴턴은 자기가 별들을 관찰하는 동안에 지구가 자신의 위치를 돌려놓은 것이라 여겼다. 그러다 문득 남극 펭귄이 떠올랐다. 펭귄이 꽉 끌어안고 있던 망원경을 억지로 빼앗느라 짧은 순간이나마 힘을 쓴 탓에 자신의 비행 궤도가 바뀐 건 아닐까 하는 생각도 들었다.

"그러니까 내가 스스로 내 궤도를 바꾼 거야! 내가 출발한 곳이 어디쯤이지? 언제 그곳으로 다시 떨어지려나? 일단 당황하지 말고 침착하자. 무엇이든 위로 올라갔던 건 다시 떨어지기 마련이니까 조금 기다려 보지 뭐."

그러나 아무리 기다려도 다시 지구로 떨어질 기미는 보이지 않았다. 게다가 으슬으슬 춥기까지 했다.

"내가 돌아가지 않으면 핼리가 몹시 걱정할 텐데."

뉴턴은 한숨이 절로 나왔다. 그토록 신비롭게만 보이던 우주가 이제는 텅 빈 쓸쓸한 공간으로 느껴졌다. 뉴턴은 지구를 바라보았다. 푸르른 바다 사이로 보이는 나라 대부분은 뉴턴이 지금껏 가 보지 못했고, 아마 앞으로도 갈 수 없는 곳이었다. 이윽고 낯익은 영국의 시골 풍경도 눈에 들어왔다. 뉴턴이 지구를 한 바퀴 완전히 돌았다는 증거였다. 시간은 이렇게 계속 흐르고 있었다.

"내가 마치 지구 주위를 도는 위성이 된 것 같군. 여기서 이대로 영원히 머물게 되면 어쩌지? 핼리가 여기 있는 나를 발견하고, 자기 책에 내가 달과 나란히 돌았다는 사실을 기록하게 될 날이 올까?"

저 멀리 빛나는 달이 보였다.

"달도 나처럼 지구 주위를 돌고 있어. 나나 달이나 끝없는 우주 공간에서 앞으로 쭉쭉 나아가지 못하고 이렇게 빙빙 도는 건 어떤 힘이 우리에게 똑같이 영향을 미치고 있기 때문이야."

피곤해진 뉴턴은 불가사리처럼 두 팔과 두 다리를 사방으로 쭉 뻗었다. 그때 뜬금없이 뱃고동 소리가 들려왔다. 이내 황소자리 뒤에서 배 한 척이 나타나더니 뉴턴을 향해 다가왔다.

"길 막지 말고 저리 비켜요!"

굽슬굽슬한 긴 머리카락 가발을 쓴 청년이 소리쳤다.

"내가 길을 막은 게 아니라 당신이 내 휴식을 방해한 거라고!"

뉴턴이 지지 않고 쏘아붙였다. 뱃머리에 앉아 있던 또 한 사람이 뒤를 돌아보았다. 매부리코에 가느다란 콧수염, 퉁방울눈이 인상적인 늙은 남자였다. 뉴턴은 그 남자가 누군지 한눈에 알아보았다.

"데카르트 선생님? 데카르트 선생님이시죠?"

가발 쓴 청년이 깜짝 놀라며 뱃머리의 남자에게 물었다.

"아는 분이세요?"

"아니, 전혀. 처음 보는 사람이네. 댁은 누구신가?"

"저는 영국의 수학자 아이작 뉴턴입니다. 선생님이 쓰신 책은 모조리 읽었습니다."

뉴턴의 말에 데카르트는 빙그레 미소를 지었다.

"그래? 이해가 되던가? 그럼 뉴턴 자네, 여기 이 젊은 친구가 누군지도 알겠군."

데카르트는 배 뒤쪽에 앉은 청년의 얼굴에 들고 있던 램프의 빛을 가까이 비추었다.

"뉴턴, 인사하게. 고트프리트 빌헬름 폰 라이프니츠일세."

"라이프니츠라고요? 당연히 알지요. 저 친구가 만든 기계식 계산기를 런던에서 본 적 있습니다. 그런데 지금 어디 가시는 거죠?"

"회오리바람이 데려가는 곳으로."

"회오리바람이라뇨?"

"우주를 휘감고 도는 회오리바람 말일세! 지구가 태양 주위를 도는 것도 이 회오리바람 때문이지."

"하지만 제 눈엔 회오리바람이 안 보이는데요."

뉴턴이 주위를 돌아보며 말했다.

"바람이 느껴지지도 않고요. 선생님은 느껴지시나요?"

"회오리바람은 바로 저기 있네. 하지만 맨눈으로는 볼 수 없지. 회오리바람을 이루는 입자들이 너무 작거든."

"그러니까 선생님이 말씀하시는 회오리바람은 가설일 뿐이군요."

뉴턴의 말에 라이프니츠가 고개를 세차게 가로저으며 말했다.

"과학이 발전하려면 가설도 필요해요. 관찰만으로는 부족하죠."

데카르트는 바람의 힘을 느끼려는 듯 뱃전 밖으로 손을 뻗으며 중얼거렸다.

"달이 혼자 힘으로 돌 수는 없어. 내가 말한 회오리바람이 없다면 이 배는 똑바로 움직였겠지."

뉴턴은 고개를 끄덕였다.

"달이 스스로 돌지 못한다는 건 저도 같은 생각입니다. 하지만 저는 달을 돌게 하는 힘은 회오리바람이 아니라 지구가 물체를 끌어당기는 힘과 같다고 생각합니다. 바로 중력의 힘이죠!"

"그 중력의 힘은 어떻게 작용합니까?"

라이프니츠가 뉴턴에게 물었다.

"서로 떨어져 있는 모든 물체 사이에 작용하지요."

"왜죠? 어떤 식으로요?"

"지금은 답하지 않겠습니다."

뉴턴은 라이프니츠를 향해 눈을 찡긋거렸다.

"한 가지 원리나 법칙으로 여러 사실을 설명하는 게 어떻게 가능합니까?"

라이프니츠가 소리쳤다.

"이성적 사고라는 원칙을 따르면 됩니다. 이성적 사고는 상상의 폭을 제한하지요. 그 결과 데카르트 선생님이 말씀하신 회오리바람 같은, 우리 모두에게 위험한 터무니없는 생각을 피할 수 있습니다."

"그럼 이 문제를 이성적으로 사고하면 어떻게 되는 건가?"
데카르트가 물었다.

"비슷한 두 가지 결과가 관찰된다면 그 원인은 같다는 겁니다."
뉴턴은 자신만만하게 설명을 이었다.

"예를 들어 지구와 목성 모두 태양 주위를 돌지요. 제가 관찰한 바로는 태양이 이 두 행성을 끌어당기는 힘은 멀리 떨어져 있을수록 작습니다. 하지만 힘의 크기는 달라도 지구와 목성이 태양 둘레를 돌게 하는 건 같은 힘 때문입니다. 물론 화성, 금성, 그 밖의 다른 행성들도 마찬가지고요."

뉴턴의 설명이 계속 이어졌다.

"지구도 달에 어떤 힘을 미칩니다. 그럼 태양에도 같은 힘을 미칠 수 있지 않을까요? 지구와 물체 사이에 '중력'이라는 힘이 서로 작용한다면, 태양, 달, 지구를 비롯한 모든 천체 사이에도 중력이 존재할 거라는 거죠. 문제는 이걸 어떻게 검증하느냐예요!"

"뉴턴 선생, 증명은 쉽지 않으신가 봅니다. 하하."

라이프니츠가 짓궂게 말했다.

뒤이어 데카르트도 한마디 덧붙였다.

"그렇게 혼자 돌지 말고 우리 배에 타게나."

뉴턴은 머쓱한 표정으로 주위를 둘러보았다.

"내가 뉴턴 자네를 그만 돌게 해 주겠네. 참, 자네와 나 사이에도 중력이 존재한다고 했지? 모든 물체는 서로를 끌어당긴다는 자네의 말을 증명할 수 있겠군!"

데카르트는 손을 뻗어 뉴턴을 배 위로 끌어올렸다.

뉴턴이 라이프니츠 옆에 자리를 잡고 앉아 진지하게 말했다.

"우주 공간은 저의 천재성을 자극하는 데 큰 도움을 주는 것 같습니다."

라이프니츠가 다시 뉴턴을 몰아세웠다.

"이봐요, 뉴턴 선생! 내가 보기엔 당신의 사고에도 빈틈이 많아요. 태양의 중력이 행성들을 끌어당긴다면, 왜 행성은 태양에 충돌하지 않죠?"

"우주의 창조주가 행성들의 궤도를 조정하니까요."

뉴턴이 대답했다.

라이프니츠는 쉽게 물러서지 않았다.

"바로 그 점이 몹시 의문스럽다는 겁니다. 신이 시계 제조공이라면, 시시때때로 손봐야 하는 시계를 만들 리가 있습니까? 언제든 정확히 들어맞는 완벽한 시계를 만들겠죠."

"라이프니츠 씨, 신이 시계를 만든다면 모든 장치가 언제나 잘 돌아가게 했겠죠. 하지만 신이 우주를 창조할 때는 그럴 뜻이 전혀 없었어요. 지금 이 순간에도 신은 우주의 질서를 바로잡고 있을 겁니다."

 흔들리는 배 안에서 두 사람의 격렬한 논쟁을 계속 듣고 있던 데카르트는 급기야 멀미가 날 것 같았다. 데카르트는 논쟁을 좋아하지 않았다. 그가 생각하는 철학적 진리란 누구도 반박할 수 없는 명백한 것이어서 결코 논쟁의 대상이 될 수 없었다.
 "후유, 협회 회원들이라면 자네의 그 대단한 이론에 기꺼이 귀를 기울일지도 모르겠군."
 데카르트가 비꼬듯 말했다.
 "협회라뇨? 무슨 협회 말씀이십니까?"
 뉴턴이 물었다.
 "달에 가 있는 천문학자들이 모여서 만든 협회."

"네? 달에 가 있는 천문학자 협회요? 농담이시죠?"

뉴턴이 믿을 수 없다는 듯 되물었다.

"나 참, 진짜예요, 진짜! 우리도 방금 거기서 오는 길입니다. 데카르트 선생님과 내가 괜찮은 술집이라도 찾으려고 이렇게 우주 공간을 돌아다니는 것 같습니까?"

라이프니츠가 고까운 듯 쏘아붙였다.

이윽고 데카르트가 뱃전에 몸을 기대며 말했다.

"뉴턴, 우리가 여기서 자네의 등을 힘껏 떠밀면 자네도 협회에 들어갈 수 있을 걸세. 가 볼 텐가?"

"글쎄요, 잘……."

뉴턴의 말이 채 끝나기도 전, 라이프니츠가 그를 배 밖으로 확 떠밀었다.

"으악! 저기가 확실히 달이 맞긴 한가요?"

가엾은 뉴턴은 멀어져 가는 배를 향해 다급히 소리쳤다.

"제가 평소에 보았던 움푹 팬 분화구들이 안 보이는데요?"

"지금 자네는 지구에서 보이지 않는 달의 어두운 면을 보고 있는 거라네! 회원들에게 우리 안부를 전해 주게!"

달에 가까워질수록 뉴턴은 걱정과 두려움이 점점 커졌다. 마침내 달 표면에 털썩 내려앉자 누런 흙먼지가 피어올라 주변을 천천히 휘감았다. 뉴턴이 떨어진 곳은 커다란 분화구 한가운데였다.

"어라? 물이 하나도 없네? 여러 책에서 '달의 바다'가 있다고 읽었는데, 어디 있는 거지?"

뉴턴은 몸을 일으켜 세웠다. 갑자기 몸이 위로 붕 떠올랐다가 제자리로 떨어졌다. 걸음을 내딛자 한 번에 몇 미터씩 앞으로 나아갔다.

"이런! 걸음마를 다시 배워야겠군!"

뉴턴은 어린아이처럼 천천히 걷는 연습을 했다.

얼마 지나지 않아 뉴턴은 흙바닥에 찍힌 발자국 하나를 발견했다.

"주변에 다른 발자국이 없는 데다 모양이 뚜렷한 걸 보면 방금 찍힌 것 같아. 발자국이 하나만 보인다는 건, 걸음의 폭이 어마어마하게 넓다는 증거야. 도대체 누구의 발자국일까?"

뉴턴은 주위를 둘러보다가 깜짝 놀랐다. 저 멀리 고대 그리스 여신처럼 차려입은 한 젊은 여자가 자신을 지켜보고 있었기 때문이다.

"혹시 제 날개 못 봤어요?"

여자가 다가와 아주 자연스럽게 물었다.

"뭐요? 방금 날개라고 하셨나요?"

"네. 제가 불의 날개를 잃어버렸거든요."

"전 못 봤습니다. 조금 전 달에 왔거든요."

여자는 크게 실망한 표정이었다.

"당신이 이곳에 남긴 모든 흔적은 수백 년 뒤에도 그대로 남아 있을 거예요. 작은 지문이나 발자국도 절대 사라지지 않죠. 달에서는 바람이 전혀 불지 않으니까요."

뉴턴은 여자의 말이 이해가 될 듯 말 듯 했다.

"음, 저는 천문학자 협회 회원들을 만나러 왔습니다만……."

"알고 있어요. 저를 따라오세요."
여자가 뉴턴과 나란히 걸으며 말했다.
"아주 오래전, 저는 세계 지도를 만들고 싶었어요. 그러려면 세계의 전체적인 모양을 보아야 하는데 도무지 방법이 없더라고요. 우주의 중심인 지구에서 최대한 멀리 벗어나면 바다나 대륙의 모양을 확실히 알 수 있을 텐데 말이죠."
뉴턴은 잠시 망설이다가 어렵게 입을 열었다.
"죄송하지만 우주의 중심은 지구가 아닙니다."
뜻밖에도 여자는 기분 나빠하는 대신 미소를 지어 보였다.
"다른 분들과 똑같이 말씀하시는군요. 그분들도 우주의 중심은 지구가 아니라 태양이라고 하더라고요."
"맞습니다. 우리가 달이나 지구에 있을 때는 태양 주위를 돌고 있다는 걸 느끼지 못하지요. 하지만 우주 공간을 여행하다 보면 지구가 태양을 중심으로 돌고 있다는 걸 눈으로 확인할 수 있어요."

뉴턴이 수줍게 물었다.
"그런데 당신은 누구시죠?"
젊은 여자는 생글생글 웃으며 대답했다.
"제 이름은 프톨레마이오스예요."

이윽고 두 사람은 빨간색 벽돌집 앞에 다다랐다. 좁고 길쭉한 창문에 계단처럼 층이 진 지붕, 정면의 스테인드글라스와 나무 장식이 돋보였다. 현관문 위쪽에는 '천문학자 외 출입 금지'라고 적힌 표지판이 붙어 있었다. 프톨레마이오스가 자물쇠가 채워진 문을 두드리자 바로 옆 창문에서 한 사내가 고개를 쑥 내밀며 말했다.

"이리로 들어와요! 내 강아지가 열쇠를 삼켜서 문을 열 수가 없어요."

사내가 가리킨 창문으로 들어가자 널찍한 거실이 나왔다. 거실의 가구들은 안락의자 몇 개만 빼고 모두 벽 쪽으로 밀려나 있고, 코끼리만큼 거대한 운석 하나가 거실 한가운데를 차지하고 있었다. 운석은 금속 칠을 한 것처럼 번쩍번쩍 빛났다. 사내가 말했다.

"먼저 내 소개부터 하죠. 난 니콜라우스 코페르니쿠스 신부요."

"아이작 뉴턴입니다. 천문학, 수학, 철학, 물리학, 신학 분야의 전문가죠. 그런데 어떻게 이 집이 달까지 오게 된 거죠?"

"일단 앉아서 이야기합시다."

코페르니쿠스는 안락의자 옆에서 잠자던 강아지를 품에 안고 말을 이었다.

"이 집은 나와 함께 여기에 온 거요. 그날, 나는 바로 이 의자에 앉아서 비스와강의 자욱한 물안개를 바라보고 있었소. 안개 때문에 천체를 관찰할 수 없어서 좀 우울했지. 어쨌든 나는 태양을 중심에 두고 움직이는 행성들의 모습을 머릿속에 그려 보게 되었소. 원래 나는 지구가 우주의 중심이라고 굳게 믿는 사람이었는데……."

코페르니쿠스는 두 눈을 살며시 감았다.

"느닷없이 창문 너머로 지나가는 지구가 보이지 뭐요! 처음엔 내가 태양에 와 있는 줄 알았소. 하지만 밖으로 뛰어나가 보니 놀랍게도 지평선 너머로 빛나는 태양이 보이더군. 나는 태양이 아니라 달에 와 있는 거였소! 그때 확실히 깨달았지. 우리는 어디에서든 자신이 있는 곳이 우주의 중심인 것처럼 느끼게 된다는 걸 말이오."

코페르니쿠스 신부는 프톨레마이오스를 향해 빙그레 웃어 보였다.

"그 말이 사실이라면 진짜 우주의 중심을 어떻게 알 수 있죠?"

프톨레마이오스가 나지막이 물었다.

"물리적으로 가장 보기 좋은 모형을 선택하는 거요. 태양을 우주의 중심으로 두면, 모든 행성이 태양의 주위를 원을 그리며 도는, 단순하고 조화로운 모형이 만들어질 수 있소. 하지만 지구를 우주의 중심으로 보면, 행성들의 운동 궤도 모형이 엉망진창일 수밖에 없지."

"어머, 제가 생각하는 우주의 체계는 엉망진창이 아니에요! 그저 복잡할 뿐이죠."

프톨레마이오스가 살짝 목소리를 높여 반박했다.

이때 어디선가 와장창 유리가 깨지는 소리에 잠자던 강아지가 놀라서 벌떡 일어났다.

코페르니쿠스가 고개를 들고 소리쳤다.

"케플러, 자네인가?"

머리에 까치집을 지은 요하네스 케플러가 허둥지둥 계단을 뛰어 내려왔다.

"코페르니쿠스 신부님, 태양 주위를 도는 행성들의 궤도는 둥그런 원형이 아니라니까요! 살짝 찌그러진 타원형 궤도가 아니면 어떤 측정값도 믿을 수 없다고 수없이 설명해 드리지 않았습니까! 신부님 말씀을 듣고 너무 기가 막혀서 제가 그만 들고 있던 렌즈를 떨어뜨려 깨뜨렸다고요! 지난 몇 달에 걸쳐 다듬어 온 소중한 렌즈인데……."

케플러는 거의 울 것 같은 표정이었다. 뉴턴은 그를 위로하기 위해 주머니에 든 오각 프리즘 안경을 꺼내서 내밀었다. 케플러가 이리저리 살펴보다 말했다.

"오, 무척 세밀하게 다듬은 유리 프리즘이군요!"

뉴턴의 안경을 코에 건 케플러는 촛불을 바라보며 감탄을 쏟아 냈다. 뉴턴이 다시 코페르니쿠스에게 물었다.

"협회에 가입된 천문학자들이 꽤 많은가 보죠?"

"그렇소. 물론 전체 회원 수는 미래에서 온 학자들까지 포함하느냐 마느냐에 따라 달라지지. 예를 들어 가장 최근에 우리 집을 찾은 천문학자는 1942년에 태어난 스티븐 호킹이라는 특별한 젊은이였소. 회원 명단을 정리하는 사람은 갈릴레이인데, 근처에 그 친구의 공사 현장이 있으니 가서 만나 보시오."

"갈릴레이 씨가 무언가를 짓나 보죠?"

"그야 당연히 천문대 아니겠소?"

뉴턴과 프톨레마이오스는 새 안경을 절대 벗지 않는 케플러를 따라서 창문 밖으로 빠져나갔다. 그러고는 다시 점프를 몇 번 한 끝에 조그마한 분화구 앞에 다다랐다. 분화구 안에서는 갈릴레이가 자기 몸집보다 훨씬 큰 바윗덩이들을 주워 모으고 있었다.

"예전에는 여기에 물이 있었나요?"

뉴턴이 케플러에게 물었다.

"아니오. 우리도 열심히 찾아봤는데 물은 전혀 발견하지 못했습니다. 이 분화구는 아까 거실에서 본 그 운석이 떨어진 자리예요."

뉴턴과 케플러가 대화하는 사이, 갈릴레이는 천문대 꼭대기에서 아까 주웠던 바윗덩이를 연이어 아래로 던지기 시작했다. 이따금 망원경으로 땅바닥에 떨어진 바윗덩이들을 살피기도 했다.

뉴턴은 그 모습을 보며 생각했다.

'음, 달에서는 누구나 힘이 엄청 세지나 보군?'

뉴턴은 주변에 있는 커다란 바위 하나를 발끝으로 차 올려서 한 손으로 잡고는 휙 던졌다. 바위는 깜짝 놀랄 만큼 멀리 날아갔다.

이를 본 갈릴레이가 환한 미소로 손님들을 반기며 소리쳤다.

"땅바닥으로 무언가를 던질 때는 45도 각도로 조준해야 가장 멀리 날아가지요. 물론 날아오는 운석을 맞히려면 더 높이 겨냥해야겠지만."

프톨레마이오스가 뉴턴에게 갈릴레이를 간단히 소개했다.

"갈릴레이 씨는 이탈리아 베네치아의 무기 제작소에서 공학자로 일했어요. 특히 발사된 대포알이 날아가는 경로를 연구해서, 대포알이 어디에 떨어질지 정확히 예측할 수 있다더군요. 달에 온 것도 대포알의 발사 각도와 힘의 관계를 계산해서 대포알을 타고 날아온 거래요."

분화구 안쪽 벽면에는 갈릴레이가 자신의 이야기를 들을 사람들을 위해 만든 계단식 좌석이 있었다. 뉴턴 일행은 붕붕 점프하듯 걸어서 그곳으로 향했다.

"이 계단식 좌석을 보니 어릴 때 자주 찾았던 원형 경기장이 생각나네요."

프톨레마이오스가 말했다. 이윽고 갈릴레이가 흙투성이가 된 두 손을 마주 비비며 이야기를 시작했다.

"달에서는 지구에서보다 물체가 더 느리게 떨어진다는 사실을 아시오? 난 이 천문대 꼭대기에서 물체의 낙하 실험을 해서 그 원인을 알아낼 생각이오."

"저, 죄송하지만 제가 한 말씀 드려도 될까요?"

뉴턴이 조심스럽게 입을 열었다.

"물체가 지구보다 달에서 더 느린 속도로 떨어지는 건 같은 물체라도 달에서 무게가 덜 나가기 때문입니다."

갈릴레이가 코웃음을 쳤다.

"흥, 말도 안 되는 소리! 지구에서는 모든 물체가 무게와 상관없이 다 똑같은 속도로 떨어져요. 내가 피사의 사탑 꼭대기에서 가벼운 베개와 무거운 대포알을 떨어뜨려 봤는데, 확실히 둘이 동시에 땅바닥에 닿았다고!"

갈릴레이의 반박에 뉴턴이 자신 있게 말했다.

"물체가 떨어지는 속도는 그 물체의 질량이 아닌 무게와 상관있습니다."

갈릴레이는 두 눈이 휘둥그레졌다. 그는 '무게'와 '질량'의 차이를 전혀 알지 못했다. 이 두 개념은 뉴턴이 생각해 낸 것이었으므로 모르는 게 당연했다.

뉴턴이 말을 이었다.

"이 작은 조약돌을 예로 들어 보죠. 조약돌의 '질량'이란 조약돌을 이루는 물질의 양입니다. 반면 조약돌의 '무게'는 달이 조약돌을 끌어당기는 힘의 크기예요. 조약돌의 질량은 어디서든 절대 변하지 않습니다. 하지만 조약돌의 무게는 달에서보다 지구에서 더 클 겁니다. 지구가 물체를 끌어당기는 힘이 달이 끌어당기는 힘보다 더 세니까요."

"그 이유는 또 뭐요?"

갈릴레이가 물었다.

"지구의 질량이 달의 질량보다 더 크기 때문이죠. 만일 이 바위가 태양에 있어도, 여기보다 훨씬 더 무거울 겁니다."

"그럼 우리는요?"

케플러가 불쑥 끼어들어 물었다.

"몸이 너무 무거워서 똑바로 일어서지도 못할걸요."

뉴턴의 설명을 다 듣고 난 갈릴레이는 엄청난 기쁨에 사로잡혔다.

"정말 고맙소, 뉴턴 선생! 메디치 가문의 관례대로 당신에게 내 망원경을 드리리다. 천체를 관찰할 수 있는 망원경이오."

"그럼 저는 답례로 이 조약돌과 저의 중력 이론을 드리겠습니다."

"갈릴레이 씨는 온 세상 사람들에게 별을 보여 주고 싶은가 봐요."

프톨레마이오스가 나지막이 속삭이듯 말했다.

"지난번에는 이 근처 분화구에 사는 나시르 알딘 알투시와 다른 천문학자들에게 보여 주었지요. 나시르는 아주 오래전에 여기 왔어요."

"그럼 당신은 그보다 더 오래전에 이곳에 오셨나 보군요."

뉴턴은 프톨레마이오스에게 존경의 뜻으로 가볍게 고개를 숙였다.

"달의 이곳저곳을 모두 둘러본 사람은 나뿐이에요. 사실 나는 달보다는 지구를 관찰하는 데 더 관심이 있답니다. 여기서 쓰기 시작한 지리학 책을 완성하려고요. 내 고향 이집트와 완전히 반대되는 지점이 어디인지 정말 알고 싶거든요."

"그야 바다가 아닐까요?"

뉴턴이 말했다.

"맞아요. 처음엔 나도 그렇게 예상했었죠. 그러다가 새로운 대륙을 발견한 거예요! 케플러 씨는 그곳을 아메리카라고 부르고 싶어 하지만, 난 아메리카 대신 아틀란티스라는 이름을 붙여 줬어요."

"이곳에 오기 전 저도 그 땅 위를 날아왔습니다. 영국과 크게 다르지 않더군요. 중력이 미치는 방식이 똑같았어요."

뉴턴이 말했다.

그때 저 멀리서 코페르니쿠스가 강아지를 옆구리에 낀 채 손을 흔들며 성큼성큼 다가와 다급하게 외쳤다.

"다들 저 위를 봐요! 무언가가 우리 쪽으로 다가오고 있소!"

"으악! 모두 안으로 피합시다! 보나마나 달과 충돌할 거예요!"

잔뜩 겁에 질린 케플러가 프톨레마이오스의 등 뒤로 숨으며 말했다.

뉴턴과 갈릴레이는 급히 망원경을 꺼내 들었다.

"혜성이네요!"

"정말 그렇군. 아주 아름다운 혜성이오. 꼬리가 밝게 빛나고 있어!"

뉴턴의 말에 갈릴레이가 맞장구를 쳤다.

"혜성의 크기가 어마어마한데, 곧 달과 충돌할 것 같지 않나요?"
케플러가 울먹이는 목소리로 물었다.
프톨레마이오스는 어이가 없는 듯 어깨를 으쓱거리며 말했다.
"내가 처음 달에 왔을 때는 혜성이 날마다 비 오듯 쏟아져 내렸어요. 그때는 망원경이 없어서 혜성이 다가오는 줄도 몰랐죠."
"그래도 난 무섭습니다! 정말 무서워 죽겠다고요!"
케플러가 소리쳤다.
"다들 겁먹지 않아도 됩니다! 이 혜성은 달에 부딪히지 않고 그냥 스쳐 지나갈 테니까."
갈릴레이가 말했다.
"갈릴레이 선생, 당신은 혜성 전문가가 아니지 않소?"
코페르니쿠스가 의심이 가득한 표정으로 물었다.
그때 갈릴레이가 다급히 외쳤다.
"앗! 혜성에 누가 있는데? 뉴턴 선생, 당신도 봤소?"
"제 친구 에드먼드 핼리예요! 저를 구하러 왔나 봅니다!"
뉴턴이 말했다.

혜성이 달에 스치기 직전, 핼리가 모두를 끌어올리기 위해 기다란 밧줄을 던졌다.

뉴턴이 가장 먼저 밧줄을 잡고 온 힘을 다해 타고 올라갔다. 마침내 차가운 얼음으로 이루어진 혜성에 다다를 즈음 뒤를 돌아보았다. 강아지를 겨드랑이 아래 끼고 올라오는 코페르니쿠스 때문에 나머지 학자들이 속도를 내기 힘들어 보였다.

뉴턴은 뿌연 먼지 구름을 헤치고 나아가 핼리와 마주했다. 두 친구는 너무 반가워서 서로를 꼭 끌어안았다.

"핼리, 내가 달에 있다는 걸 어떻게 알았나?"

뉴턴이 감격에 겨운 목소리로 물었다.

"자네가 떠나던 날 밤, 평소처럼 별들을 관찰하다가 하늘에 떠 있는 자네를 발견했지. 그런데 눈 깜짝할 사이에 달의 반대편으로 사라져 버리더군. 그때부터 얼마나 걱정했는지 몰라. 그러다가 이 혜성이 지구 근처를 지날 때 궤도를 계산해 보니 달을 향해 가고 있지 뭔가? 나는 곧장 최대한 긴 밧줄을 구해서 마을 개구쟁이 녀석들을 찾아갔어. 그리고 그 새총으로 나를 쏴서 혜성까지 날려 달라고 부탁했지. 지난번에 자네와 함께 만들었던 거대 새총 말이야!"

뉴턴은 빙그레 미소를 지었다.

"고소 공포증 때문에 새총에 올라타자마자 몹시 어지러웠을 텐데? 난 그걸 아니까 자네가 여기까지 올 거라고는 생각도 못 했어."

"기분 전환이 필요했거든! 지금 내 연구실은 펭귄이 차지하고 있다네. 녀석에게 망원경을 빼앗겨서 어차피 별을 관찰할 수도 없었어. 펭귄을 쫓아내려고 별짓을 다해 봤지만, 꿈쩍도 하지 않더라고. 하하!"

남극 펭귄은 뉴턴처럼 구덩이에 뛰어들어 영국 케임브리지까지 왔다. 뉴턴에게 망원경을 빼앗긴 게 못내 아쉬워 줄곧 새 망원경을 찾다가 핼리의 천문대를 목표물로 정했던 것이다.

"그래, 달을 둘러보니 어떻던가?"

핼리가 호기심 가득한 눈빛으로 물었다.

"사람들이 생각하는 것만큼 밋밋하지는 않아. 특히 자잘한 조약돌이 많지. 그런데……."

뉴턴은 말을 하다 말고 뒤를 돌아보았다. 역사 속 천문학자들이 가쁜 숨을 몰아쉬며 그들에게 다가오고 있었다.

"핼리, 우리와 관심 분야가 같은 분들을 소개할게. 코페르니쿠스 신부님과 갈릴레이 선생, 케플러 선생, 그리고 이 아름다운 여성은 프톨레마이오스 씨라네."

"혜성이 우리 머리 위로 떨어지지 않아 다행이오. 이렇게 직접 올라타서 보니 정말 어마어마하게 크군!"

갈릴레이가 혜성 이곳저곳을 둘러보며 말했다.

"멀리서 볼 때가 더 예뻤어요! 가까이서 보니까 커다랗고 지저분한 눈덩이 같네요."

프톨레마이오스의 말에 뉴턴의 프리즘 안경을 쓰고 얼음 위를 조심스레 걷던 케플러가 고개를 가로저으며 중얼거렸다.

"아니에요. 이보다 더 아름다울 순 없어요. 여기저기 온통 화려한 무지개가 걸려 있잖아요! 하지만 확실히 조금 춥긴 하군요."

"곧 따뜻해질 거요. 지금 우리는 태양을 향해 가고 있으니까!"

코페르니쿠스가 말하자 핼리가 전문가다운 설명을 덧붙였다.

"우리 혜성은 태양 주위를 따라 이동하고 있습니다. 지금부터 75년 뒤에는 다시 지구 근처를 지나게 될 거예요."

아이작 뉴턴이 웃으며 말했다.

"그 정도면 우리 모두가 서로를 알기에 충분한 시간이겠군요!"

감수의 글

★★★
근대과학을 완성한 과학자
아이작 뉴턴
"지구의 법칙과 우주의 법칙을 통합하다!"

'사과' 하면 가장 먼저 무엇이 떠오르나요? 만약 맛있는 과일 사과보다 '뉴턴'이 먼저 생각났다면, 분명 과학을 아주 좋아하는 친구일 거예요. 뉴턴이 사과가 떨어지는 것을 보고 중력 법칙을 발견했다는 이야기를 알고 있는 친구일 테니까요.

아이작 뉴턴은 현대과학을 대표하는 아인슈타인 이전의 과학자들 가운데 가장 탁월한 과학자입니다. 갈릴레오 갈릴레이가 '근대과학의 문을 연 과학자'라면, 뉴턴은 '근대과학을 완성한 과학자'라고 하죠. 바로 '만유인력의 법칙'으로 우주의 운행 또한 설명할 수 있다는 것을 밝혔기 때문이랍니다. 만유인력이란 한마디로 모든 물체 사이에 서로 끌어당기는 힘을 말해요. 사과가 땅으로 떨어지게 하는 '중력'도 만유인력 가운데 하나랍니다. 사과와 지구가 서로 끌어당기고 있는데, 지구의 힘이 워낙 커서 사과가 끌려가게 되는 거죠.

　뉴턴이 중력의 법칙을 우주 천체에 동일하게 적용할 수 있다고 밝힌 것은 정말 놀라운 일이었어요. 뉴턴 이전에는 지구와 우주를 별개의 세상으로 보았기 때문에 지구에 들어맞는 과학 이론이나 법칙이 우주에 들어맞을 리 없다고 믿고 있었거든요.

　《뉴턴이 우주로 보낸 질문》에는 뉴턴의 연구에 영향을 끼친 유명한 과학자들이 등장해요. 이 책의 작가는 '만약 뉴턴이 시간과 공간을 초월해서 자신처럼 우주를 사랑하고 탐구한 과학자들을 만난다면 어떤 대화를 할까' 하는 유쾌한 상상을 한 것 같아요.

뉴턴과 데카르트 ★ 빛과 색깔을 사랑해요

　빛은 무슨 색일까요? 뉴턴 이전 사람들은 빛이 무색이라고 믿었어요. 아무런 색이 없다는 거죠. 하지만 뉴턴 이후의 사람들은 빛이 빨주노초파남보 무지개색을 갖고 있다는 것을 알게 되었죠. 뉴턴이 프리즘에 빛을 통과시키는 실험을 통해 밝혀낸 덕분이에요. 이 책에서 뉴턴이 프리즘 안경을 쓰고 고양이를 보자 빨강, 주황, 노랑, 초록, 파랑, 남색, 보라색을 띤 일곱 마리 고양이로 보이죠? 이 장면은 바로 뉴턴이 빛에 관한 놀라운 발견을 했다는 것을 이야기하는 거예요.

　뉴턴은 빛이 어떻게 움직이는지, 어떻게 눈에 보이게 되는지, 빛이 왜 꺾이거나 반사되는지 등등 빛에 대해 궁금한 것이 정말 많았어요. 이 책에서 뉴턴이 우주를 여행하면서 첫 번째로 만난 데카르트는 뉴턴에게 빛에 관한 지식을 듬뿍 안겨 주었을 뿐만 아니라 수학과 우주에 관한 연구에 가장 크게 영향을 미친 과학자예요. 뉴턴이 자신이 이룩한 위대한 업적은 데카르트와 같은 위대한 학자들의 도움이 있어 가능했다고 말했을 정도였죠. 하지만 실제로 두 사람이 만난 적은 없어요. 뉴턴은 영국인이고 데카르트는 프랑스인으로 멀리 떨어져 살았고, 무엇보다 뉴턴이 일곱 살일 때 데카르트가 세상을 떠났거든요.

뉴턴의 프리즘 실험은 빛의 성질에 관한 연구로 이어졌고, 자신만의 이론에 근거해 제작한 뉴턴식 망원경으로 과학계에 이름을 널리 알렸어요. 특별히 1671년에 영국 왕립학회에 보낸 뉴턴식 망원경은 당시 '기적의 망원경'이라는 찬사를 받았고, 뉴턴은 세계 최고의 학회인 영국 왕립학회의 회원이 되었답니다. 뉴턴이 펭귄에게 빼앗긴 망원경이 바로 이 망원경이었다면, 거대한 새총을 만들어서라도 꼭 되찾고 싶었을 것 같죠?

뉴턴과 핼리 ★ 혜성 연구 같이하는 단짝 친구

뉴턴과 핼리는 실제 굉장히 친한 사이였어요. 에드먼드 핼리는 그 유명한 핼리 혜성으로 이름을 날린 영국의 천문학자입니다. 혜성은 행성으로 성장하지 못한 일종의 얼음 먼지 덩어리예요. 그래서 관측이 어렵지만, 혜성이 태양과 가까워지면 혜성의 꼬리 부분을 관찰할 수 있어요. 핼리는 옛날 자료를 연구하다 일정한 주기로 나타난 혜성의 궤도가 거의 일치한다는 것을 발견하고서, 이 혜성들이 하나의 혜성이라고 봤어요. 그리고 뉴턴의 만유인력의 법칙을 바탕으로 이 혜성의 주기를 예측하죠. 당시 사람들은 핼리의 말을 믿지 못했다고 해요. 하지만 실제 핼리가 예측한 해에 혜성이 돌아오게 되면서 이 혜성은 약 75.3년 주기를 지닌 '핼리 혜성'으로 불리게 되었습니다. 아쉽게도 핼리는 자신의 예측을 확인하지 못하고 눈을 감았지만, 사람들이 그를 기리며 그의 이름이 붙은 혜성이 태어난 거죠.

뉴턴과 라이프니츠 ★ 미분적분학 창시자는 과연 누구?

맨홀이나 구덩이에 빠진다면 어디까지 떨어질까요? 막힘이 없다면 아마도 이 책의 뉴턴처럼 계속 떨어질 거예요. 지구가 잡아당기기 때문이에요. 지구가 모든 것을 끌어당기는 힘을 '중력'이라고 하고, 중력을 발견한 사람이 바로 뉴턴이에요. 사과나무 아래에서 떨어지는 사과를 보고 발견한 건지는 확실하지 않지만요.

그런데 만약 우주라면 사과가 익었다고 떨어질까요? 아니에요. 사과는 절대 떨어지지 않을 거예요. 우주 공간은 잡아당기는 힘이 없는 무중력 공간이기 때문이죠. 달은 무중력 공간은 아니지만, 달의 중력은 지구의 중력보다 작아요. 그 이유는 이 책에서 갈릴레이와 뉴턴이 나누는 '무게'와 '질량'의 차이에 관한 대화에 잘 나와 있죠?

그런데 중력 법칙을 유도하고 증명하기 위해선 새로운 수학이 필요했어요. 이를 위해 뉴턴이 만든 수학이 미분적분학이에요. 미분이 수를 계속해서 작게 쪼개는 거라면, 적분은 그것을 여러 번 합산하는 거예요.

미분과 적분은 행성의 움직임처럼 질서와 규칙성을 갖는 움직임을 수학적으로 정리하는 데 없어서는 안 되는 개념이죠. 뉴턴은 미분적분학으로 중력 법칙이 지구뿐만 아니라 우주에서도 똑같이 적용된다는 사실을 명확하게 밝혔습니다.

　이 때문에 사람들은 미분적분학의 창시자가 뉴턴이라고 굳게 믿었어요. 그런데 독일인 라이프니츠가 비슷한 시기에 미분과 적분 방식을 창안했다는 사실이 알려졌어요. 그러자 누가 먼저냐는 논쟁이 뉴턴과 라이프니츠 두 사람은 물론이고 영국과 독일 두 나라의 싸움으로까지 번졌죠. 그러니 둘 사이가 좋을 리 없었겠죠? 이 책에서 라이프니츠와 뉴턴이 유독 티격태격하는 것처럼 표현된 배경에는 이런 사연이 있답니다.

뉴턴과 갈릴레이 ★ 만난 적 없어도, 갈릴레이는 뉴턴의 스승

　과거에는 우주를 연구한 여성 과학자가 드물어서일까요? 작가는 이 책에서 프톨레마이오스를 여성으로 표현하고 있지만, 사실은 남성이랍니다. 프톨레마이오스는 지구가 우주의 중심에 있고 달·수성·금성·태양·화성·목성·토성의 순서로 태양계의 천체들이 자리 잡고 있다고 주장한 고대 그리스의 천문학자이자 수학자랍니다. 그는 지리학에도 관심이 많아 《지리학 안내》라는 책을 쓰기도 했어요. 하지만 이 책에는 오류가 많았어요. 훗날 콜럼버스가 이 책을 들고 인도 대륙 탐험에 나선 결과 뜻하지 않게 아메리카 대륙을 발견하게 되었다고 해요.

　프톨레마이오스가 지구 중심의 천동설을 주장한 것과 다르게 코페르니쿠스는 태양을 중심으로 지구를 비롯한 천체가 돌고 있다는 '지동설'을 주장한 것으로 유명합니다. 또 한 사람 갈릴레이 또한 '그래도 지구는 돈다!'고 하면서 지동설을 옹호했죠.

뉴턴은 갈릴레이가 세상을 떠나고서 태어났어요. 갈릴레이는 실험을 통해 고대의 과학 이론을 반박하거나 새롭게 증명했어요. 그런데 갈릴레이는 질량과 무게에 대해 정확히 알지 못했어요. 질량은 물체의 고유한 특성으로 중력의 영향을 받지 않지만, 무게는 중력이 약할수록 가벼워지고 중력이 셀수록 무거워져요. 무게는 질량에 중력가속도를 곱한 양이죠. 이러한 질량과 무게의 개념을 정리한 과학자가 바로 뉴턴이에요. 이 때문에 이 책에서는 뉴턴이 갈릴레이에게 중력의 개념, 질량과 무게의 차이를 자세히 설명해 주는 장면이 등장하는 것 같습니다. 이밖에도 뉴턴은 갈릴레이의 연구를 바탕으로 관성의 법칙, 작용반작용의 법칙을 정립해요.

《뉴턴이 우주로 보낸 질문》에 등장하는 과학자들과 뉴턴의 관계, 그리고 뉴턴의 업적을 알고 나니 이 책에는 정말 많은 이야기가 숨어 있다는 생각이 들죠? 여러분도 상상의 나래를 펼쳐 우주를 향해 질문을 던져 보세요. 이 책에 등장한 과학자들이 응답해 주지 않을까요?

* 이 책을 감수하고 글을 쓴 송은영 선생님은 고려대학교 물리학과와 같은 대학원에서 원자핵 물리학을 전공했습니다. 어떻게 하면 과학을 더 많은 사람에게 더 쉽고 재미있게 알릴 수 있을까 고민하며 과학 전문 작가로 활동하고 있습니다. 펴낸 책으로 《궁금했어, 양자 역학》《뉴턴 프린키피아》《장영실의 생각실험실》《아인슈타인의 생각실험실》〈속담 속에 숨은 수학〉 시리즈 등이 있습니다.

글 마리옹 카디 · 아브람 카플랑 화가인 마리옹과 수학 사학자인 아브람은 각자 다른 대륙에서 살았지만, 중력보다 더 큰 힘에 이끌려 서로 만났다. 이 이야기는 이 두 사람이 충돌해서 생긴 결과물이다.

그림 타티아나 보이코 일러스트레이터인 타티아나는 테네리프라는 작고 아름다운 섬에서 태어나 지금은 영국 런던에 살고 있다. 불안한 세계가 버겁게 느껴질 때는 달로 잠시 피난을 가곤 한다.

옮김 김현희 영어와 프랑스어로 된 책을 쉽고 올바른 우리말로 옮기는 일을 하고 있다. 옮긴 책으로 《이것저것들의 하루 1·2》《언니들의 세계사》《내 몸과 마음을 지휘하는 놀라운 뇌 여행》《처음 만나는 여성의 역사》《프랑스 요리의 기술》 등이 있다.

뉴턴이 우주로 보낸 질문

초판 1쇄 발행 2022년 6월 10일

글 마리옹 카디 · 아브람 카플랑 그림 타티아나 보이코 옮김 김현희
펴낸이 김명희 편집 이은희 디자인 씨오디

펴낸곳 다봄 등록 2011년 6월 15일 제2021-000136호
주소 서울시 마포구 토정로 222 한국출판콘텐츠센터 305호
전화 02-446-0120 팩스 0303-0948-0120
전자우편 dabombook@hanmail.net 인스타그램 instagram.com/dabom_books

ISBN 979-11-92148-14-4 73400

* 책값은 뒤표지에 있습니다.
* 잘못 만든 책은 구입한 곳에서 교환해 드립니다.

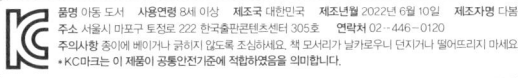

갈릴레오 갈릴레이를 왜 위대한 과학자라고 할까?
주체할 수 없는 호기심,
대담한 실험 정신이 춤추는 명장면 속에 답이 있다!

갈릴레이의 춤추는 생각

키아라 파스토리니·프레데리크 모를로 글
쥔리 송 그림 | 김현희 옮김 | 송은영 감수
72쪽 | 12,000원

이탈리아 피사의 사탑 꼭대기. 갈릴레오 갈릴레이가 제자 빈첸초와 함께 서 있다. 그동안 위대한 아리스토텔레스의 이론을 의심한 사람은 아무도 없었다. 하지만 갈릴레이는 낙하 실험과 비탈 실험을 통해 사람들이 신앙처럼 믿고 있는 아리스토텔레스의 이론을 증명하려 한다.

갈릴레이는 '천동설'마저 서슴없이 반박하며 지구가 태양 주위를 돌고 있다는 '지동설'이 옳다고 주장한다. 자칫하면 종교 재판을 받고 목숨을 잃을 수도 있는 상황. 하지만 갈릴레이는 뜻을 굽히는 대신, 천동설을 옹호하는 이들을 조롱하는 듯한 책까지 펴낸다.

갈릴레이의 주체할 수 없는 호기심은 그의 생각을 어디까지 끌고 갈까? 틀에 갇히는 것을 거부하고 춤추듯 자유롭게 흐르는 갈릴레이의 생각을 따라가면 무슨 일이 벌어질까?